François Boucher

TEXTE DE
GUSTAVE KAHN.

L'Enlèvement d'Europe.

L'ART ET LE BEAU Numéro 6

FRANÇOIS BOUCHER

<table>
<tr><td>ABONNEMENT ET VENTE:
65, Rue du Bac, PARIS</td><td>Conditions de l'abonnement: pour 4 Numéros spéciaux:
PARIS: 1 an **20** fr.; 6 mois **10** fr.
DÉPARTEMENTS: 1 an **22** fr.; 6 mois **11** fr.
ETRANGER (Union Postale): 1 an **24** fr.; 6 mois **12** fr.</td></tr>
</table>

LOUIS LEGRAND

par GUSTAVE KAHN.

Numéro 5 de
L'ART ET LE BEAU.

PRIX net 6 Francs.

BUSTE DE JEUNE FILLE
Spécimen réduit de „Louis Legrand".

LOUIS LEGRAND, un des plus célèbres artistes de notre temps, dans une œuvre infiniment complexe, touche à la légende mystique, à la fantaisie macabre, au recueillement tendre des maternités émues et douloureuses, à la toute-puissance de l'amour, à la violence et à la brutalité du désir, à l'épouvante lyrique, au sarcasme boulevardier.

LEGRAND n'a qu'un dessin, qu'une façon de dessiner, mais si souple qu'elle donne à son œuvre une apparence protéique. Ses visions, ce sont celles d'un artiste de notre temps qui a été curieux de tout, sauf de la mode et de l'art un peu modiste. Autrement le Moulin Rouge, le Moulin de la Galette, les coulisses de l'Opéra, la campagne, le citadin, le paysan, le fêtard, la femme de plaisir l'ont intéressé.

LES FORGES DE VULCAIN

LES NYMPHES DE FRANÇOIS BOUCHER.

PORTRAIT DE BOUCHER PAR ROSLIN

François Boucher, c'est le peintre de la beauté souriante, c'est le peintre de la joliesse.

Nymphes jeunettes trempant leurs pieds menus aux rideaux emperlés des cascatelles, bergerettes écoutant, à peine timides, à peine effarouchées, consentantes déjà, pas vaincues, victorieuses au contraire, les aveux entreprenants du berger, fausses distraites oublieuses déjà du dernier geste qui rapproche la main de l'amant de leur sein, et ses lèvres de leurs lèvres; Vénus énamourées de Mars, Vénus accordant à Vulcain qui travaille l'apparence nacrée d'une chair de bonne humeur et le spécieux sourire avec la restriction au coin des lèvres, petites bouquetières de l'Opéra, petites marchandes de la rue, enfants graciles ou femmes épanouies, Déesses nonchalantes parmi les petits Amours, culbutant dans le bleu d'un ciel pomponné d'ouates blanches, tout cela ce sont des incarnations diverses de la femme au dix-huitième siècle, telle que Boucher la vit à la cour, chez les maîtresses de roi, au boulevard, à la foire Saint-Germain, au boudoir, à l'Opéra, au cours d'une vie heureuse de gamin de Paris qu'un dur labeur, faisant fleurir des dons merveilleux, épanouit en grand peintre.

* * *

Boucher vécut avec des peintres et avec des gens de lettres. Ceux qu'il fréquente le plus ce sont les gens de lettres. Il les trouve non point à l'Académie, mais à la foire Saint-Germain et du côté de l'Opéra. Ce peintre officiel

VÉNUS COMMANDANT DES ARMES POUR ENÉE

a surtout ses relations avec des irréguliers, non point des bohêmes, mais des esprits libres et de propos aventureux. Il faut bien admettre qu'au temps de sa jeunesse, alors que Boucher fait de la gravure chez Cars, ses meilleurs amis, c'est Laurent Cars, le fils de son maître, ce sont les jeunes graveurs qui fréquentent rue Saint-Jacques, alors la rue des graveurs et de leurs magasins.

Le Boucher de plus tard, le peintre arrivé, le premier peintre du roi vit avec Monnet, avec Tocqué, avec Favart, avec Piron. Piron est un de ses meilleurs amis. Tous ensemble, ils ont autour des théâtres que Monnet dirige, leurs franches allures. C'est souvent de ce côté que Boucher trouve, dans la belle fille qui a chanté ou dansé, le modèle d'un jour que jadis il eut déniché dans la rue ou parmi le personnel de toutes ces amusantes boutiques où tous les commerces de l'ajustement féminin faisaient merveille. Non seulement il en a cherché du côté des théâtres de Monnet, il en a trouvé à l'Opéra, il en a trouvé tout près de la cour. Sa galerie féminine part de la petite vendeuse de bouquets qui arrive timidement de la campagne vers la grand-ville pour y vendre le contenu d'une corbeille et va jusqu'à Mme de Pompadour.

*　　*　　*

Ces milliers de dessins, toutes ou presque toutes ces effigies féminines de Boucher, nymphes, bergères, déesses, bouquetières, Vénus, elles ressortent d'un même type de beauté quasi enfantine, à peine nubile, aux attraits rebondis, à la bouche humide, à l'œil ingénu que Boucher affectionne. De même que la petite Morphi, au moment où il la peint, semble à peine cesser d'être un enfant, la «Diane sortant du bain» qui orne le musée du Louvre est une des plus précises évocations de ce type féminin.

Cette petite Diane est d'une sérénité parfaite, d'une innocence, d'une pureté de fleur à peine éclose. L'innocence est affirmée par le sourire de la bouche, puérilement mi-ouverte. De jolis tons d'ambre et de rose em-

TOILETTE DE VÉNUS

LA FÉCONDITÉ

GROUPE D'AMOURS

main, ces servantes dont Chardin aussi a laissé l'image, sont pleines de cris commerciaux, de ces appels dont les gens ne reconnaissent plus, les mots mais dont ils reconnaissent l'accent musical et le lambeau de chanson qui tient encore au bout de phrase évocatrice de la marchandise à vendre.

*   *   *

Cette expansion réaliste de François Boucher, cette entrée artiste dans la vie de tous les jours, différente en somme des recherches de peinture d'histoire et de mythologie auxquelles il se livrait lorsque son métier de graveur lui en laissait le loisir, différente aussi de la peinture décorative qu'il va faire plus tard, le moment de cet intimisme pictural coïncide avec le mariage de Boucher. Il ne s'agit point de conclure à une influence artistique et théorique de Mme Boucher sur son mari, influence qui l'aurait amené à peindre des scènes familières ou familiales. Mais quoi de plus naturel à admettre, au moment du mariage de François Boucher, qu'une tendresse émue vers les choses de la vie et les mille détails dont il voyait sa femme s'occuper autour de lui en y apportant le charme de la jeunesse et de l'amour? Boucher a beaucoup peint sa femme. Dès 1734 dans son tableau intitulé *Renaud et Armide*, Armide l'enchanteresse a pris les traits de Mme Boucher. Bien souvent, nous rencontrerons Mme Boucher dans l'œuvre de son mari. Elle y est la source de mille dessins, elle y apparaît en maintes transpositions incarnant toujours l'idéal de beauté féminine, la blonde aux yeux bleus et au sourire spirituel qu'était Mme Boucher.

bellissent le corps si frêle et si harmonieux de la menue déesse. Comme sa compagne, Diane est une enfant. C'est dans sa grâce païenne, un petit modèle, c'est, réalisée avec tout l'art du peintre, l'effigie d'une de ces fillettes qui aguichaient François Boucher alors qu'il faisait son apprentissage de graveur chez Laurent Cars.

*   *   *

Boucher est un enfant de la balle. Son père, Nicolas Boucher, époux d'Elisabeth Lemesle n'a pas laissé de trace de son talent.

C'est aussi cette éducation tout près de la rue, dans la boutique paternelle qui lui donne sans doute le goût de ces scène de la rue dont ses «Cris de Paris» sont la très vive et très moderne mise en scène.

Cette série des „Cris de Paris" gravée en 1737 par Ravenet et Le Bas est rarissime. Elle n'a point encore retrouvé aux yeux des amateurs cette valeur qu'on ne dénie plus aux pastorales.

C'est en des dessins légers, où les physionomies sont indiquées par des traits sobres, les silhouettes des marchands qui passent au matin égayer de leurs cris les petites rues du Paris bourgeois. C'est la petite vie matinale, c'est l'accès à Paris au bout de longs trajets faits à pied, en traînant la brouette ou en portant la corbeille, toutes les deux très lourdes, des petits marchands, des petits pourvoyeurs auxquels les ménagères ont accoutumé, de faire leurs emplettes. Les rues encaissées où se pressent, le panier à la

GROUPE D'AMOURS

DAS NEST   LE NID   THE NEST

LES AMUSEMENTS DE L'HIVER

C'est d'ailleurs par attirance, par amour que Boucher a conduit à son foyer, le 21 Avril 1733, Marie-Jeanne Buzot, Parisienne, âgée de dix-sept ans, et qui peut-être, lui offre dans la mutinerie de sa beauté et la toute jeunesse du corps, quelque chose de semblable à la Diane sortant du bain dont il retrouvera plus tard le charme. On ne sait pas si, quand il l'épousa, elle dessinait déjà et s'occupait quelque peu de gravure, ousi Boucher, dans la fièvre de tendresse des premières années de mariage en fit son élève et lui apprit le métier. Le fait est que cette jolie femme a reproduit à l'eau-forte quelques-uns des tableaux de son mari. Elle fit aussi quelques miniatures; elle donnait surtout à François Boucher un modèle.

GROUPE D'ENFANTS

On comparait Boucher à l'Albane, non seulement parce que ce fut la mode au dix-huitième siècle de comparer les peintres à l'Albane, mais parce que, comme l'Albane, Boucher s'inspirait de la beauté de sa femme pour en parer ses déesses et ses nymphes.

* * *

Au sortir du travail, au sortir de son chez lui, Boucher ne dédaigne pas quelque amusement.

Qu'il participe aux fêtes de la cour, qu'il assiste aux petites représentations que donne Mme de Pompadour, qu'il soit à un certain moment, un peu de toutes les fêtes dans les châteaux que l'on construit à la favorite dont il est le portraitiste, pour laquelle il grave et qui l'aide dans ses essais de gravure, rien de plus certain. Mais c'est surtout avec Monnet et Piron que Boucher se retrouvera lui-même, qu'il goûtera de belles heures de plaisir et de joie en compagnie d'amis épicuriens, indulgents, bons vivants et qui ne haïssent point de dépenser tout de suite ce que leur ingéniosité et leur art viennent de leur rapporter.

*   *   *

Même fût-il bien exigeant? Sans doute, il est épris de progrès. C'est peut-être lui qui conseilla à son ami Monnet de rehausser l'éclat des représentations de la foire Saint-Germain.

Il y a nombre de théâtres en ce moment ci dans le monde qui possèdent un rideau de scène peint par un maître peintre. Au dix-huitième siècle, il n'y en n'avait nulle part. La première belle œuvre qui eut lieu dans ce genre, ce fut un rideau de scène que Boucher peignit pour le théâtre de son ami Monnet.

LES AMOURS PASTORALES

Boucher aime le théâtre, les traces dans sa vie en sont nombreuses. Il a travaillé pour l'Opéra, il a travaillé pour les machineries de Servandoni, il a dessiné des rideaux de théâtre. On sent que la vie du théâtre l'attire, elle l'attire parce qu'il y a arrangement, parce qu'il y a fête parce qu'il y a lumière, parce qu'il y a toilette. Il est trop évident qu'à côté des décorations et lumières actuelles, le vieil Opéra de Paris dirigé par Rebel et Francœur, cet opéra auquel le «Neveu de Rameau» va entendre la musique de son oncle, cet Opéra où brille la Camargo la Guimard, cet opère n'a rien de commun avec notre Opéra actuel. Mais tout est relatif, la machinerie et les lumières allant toujours de progrès en progrès c'est à dire de complication en complication. Boucher fit toujours plus éclatant et plus lumineux à mesure que sa vie s'avança à mesure aussi que ses conseils et sa collaboration mirent plus de goût et plus de faste dans l'aménagement du ballet et la représentation de l'opéra.

LES PASTORALES.

Ce qu'il y a peut-être de plus intéressant chez François Boucher en tout cas ce qu'il y a de plus curieux en son art pour les amateurs et la critique actuelle, c'est ce côté de vérisme légèrement orné de réalité joliment transcrite qui lui fait une place à part, en son temps, d'observateur d'une vie populaire et d'une vie élégante. Mais ce ne sont point ses efforts dans une ligne d'art où l'observation l'emporte sur la fantaisie qui ont assuré parmi son temps même, sa gloire. Ce que les contemporains aimaient chez lui, c'est sa facilité décorative, c'est la grâce avec laquelle il entrelace autour d'un nu élégant toutes les joliesses de la nature, en arabesques.

Il est très certain qu'étant donné le tempérament de Boucher, son caractère, son amour du plaisir, son goût de la vie large, il y a chez lui une certaine docilité à suivre le courant des évènements qui lui sont propices.

Il n'est point de ceux qui cherchent à s'imposer à leur temps, à installer une esthétique neuve, difficile à défendre et à faire triompher. Boucher qui a vaillamment lutté pour sortir de l'ombre est de cire devant la bonne fortune. Les amateurs ont prise sur lui et pourraient le mener loin si Boucher, si l'art de Boucher n'était pas d'avance d'accord avec la volonté des amateurs.

Boucher est très peintre. A l'époque où il peint, il n'y a point d'inquiétude chez les amateurs. On croit être arrivé à une définition très exacte de la peinture et de sa mise en place. Il faut des tableaux pour les églises, et ces tableaux doivent être faits pour rendre l'église aimable; il n'est point besoin de produire grand nombre de ces tableaux.

Il est nécessaire aussi aux yeux des connaisseurs que l'art du temps produise un certain nombre de grandes machines analogues comme style et comme

LES NYMPHES AU BAIN

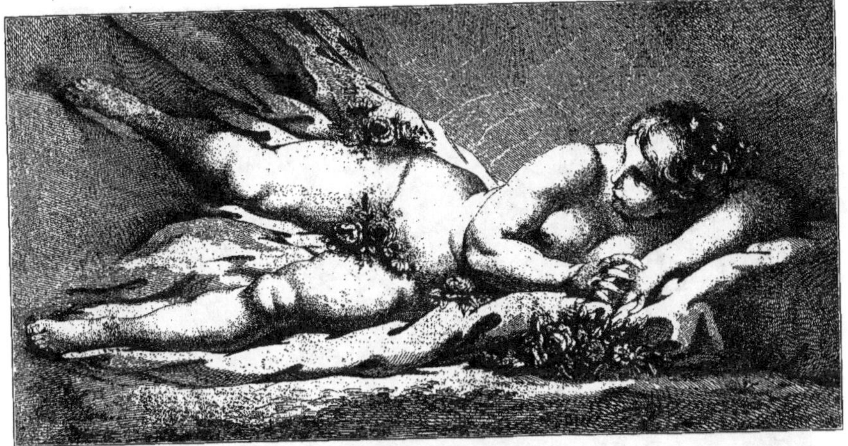

NYMPHE COUCHÉ

disposition aux grandes œuvres des belles
écoles du passé et propres à maintenir
le goût de l'antique. Car si les pen-
sionnaires du roi vont à Rome,
cela ne peut être pour rien. Il
faut qu'ils en rapportent de
bonnes copies et de belles
œuvres inspirées de l'an-
tique pour montrer que
la peinture de France
fait toujours avec succès
«ses humanités». Il y a
aussi une théorie du
grand art qui veut que
sous Louis XV, les pein-
tres puissent exécuter
d'aussi magnifiques cor-
tèges peints et d'aussi
belles batailles que celles
qui furent créées sous
Louis XIV par Charles
Le Brun.

L'influence de Charles le
Brun se dissout, mais certaines
des conditions d'application de
l'art qu'il a posées ne sont pas
détruites. Il faut peu de tableaux
pour les églises, il faut peu de tableaux
d'histoire. En revanche, ce qu'on veut, c'est
pouvoir disperser dans les appartements une infinité de tableaux de genre, grands ou petits,

MARTON

grandes toiles ou tableautins. Les bâtiments
royaux, les palais des favorites, les
hôtels des fermiers généraux, les salons
bourgeois, les petites maisons des
grands seigneurs, les boudoirs
des courtisanes en exigent in-
lassablement un grand nombre. Pour les vastes salles,
pour les palais, pour les
hôtels de la ferme géné-
rale, deux formules se dis-
putent la prééminence;
ou bien le peintre est
provoqué à fournir des
tableaux qui s'enca-
drent dans le style dé-
coratif de l'appartement,
ou bien il est appelé à
fournir un carton qui
sera exécuté en tapisserie.
Il y a d'autres formules,
car parfois l'artiste décore
franchement toute une pièce
ou une série de pièces.

Voici par exemple comment
entre eux, livrés à leurs goûts,
pour des amis, en dehors de la
commande, Boucher entend la décoration.

Boucher a voulu donner un témoignage de satis-
faction au graveur Demarteau, celui-là même qui a

DIANE SORTANT DU BAIN

SUJET PASTORAL

AMUSEMENT PASTORAL

LE PEINTRE PAR LUI-MÊME

tant fait pour la propagation de son œuvre. Il a exécuté pour son salon une décoration que décrivent comme suit les frères de Goncourt qui ont encore pu la voir en place.

«Ce salon semblait une tonnelle et une volière. Un treillis en échiquier pareil à la marquetterie dessinée sur les côtés des meubles en bois de rose, courait sous les plinthes, encadrait la glace, montait autour des deux fenêtres et ne laissait à jour que quatre grands panneaux, quatre petites portes et le dessus des portes. Entre ces treillis la campagne s'ouvrait. Ici, l'on voyait un bord de rivière encombré de flamants roses et de paons faisant la roue. Au-delà d'un arbre déraciné et tombé à l'eau, des cygnes se battaient; là, c'était les ébats d'un chien et le sautillement d'une pie à travers les roses trémières montant au ciel, et de l'eau encore au loin sillonnée de canards de toutes couleurs. D'un autre côté, reparaissaient, une rive et de fraîches verdures égayées d'oiseaux diaprés, roses, bleus, verts. Sur le dernier panneau, une architecture en treillage mangée par les roses montantes prenait pied dans un désordre d'outils rustiques et dans une bataille de coqs et de poules. Des colombes se becquetaient au-dessus des quatre portes, sur lesquels les des amours en camaïeu grassement peints écrasaint des fruits contre leurs lèvres ou faisaient jaillir l'eau d'une fontaine entre leurs doigts à demi fermés.» «Voici une indication qui nous montre Boucher travaillant à sa guise et s'emparant de toute la surface devenue thème à une seule manière d'ornement, à la peinture. Mais le plus souvent cette décoration de Boucher, soit que Mme de Pompadour l'utilise pour ses châteaux, soit que appelé par son ami et admirateur Boffrand, Boucher décore quelque partie de l'hôtel de

LA NAISSANCE DE VÉNUS

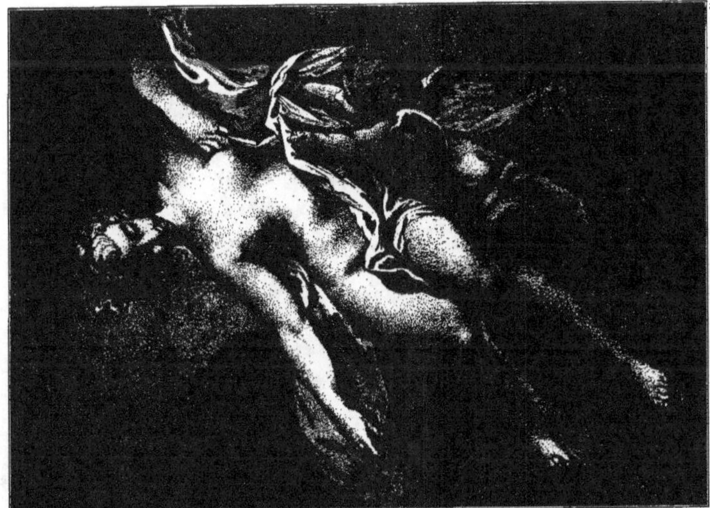

L'AMOUR MODESTE

L'ENLÈVEMENT D'EUROPE

Soubise, la plupart du temps c'est dans une ornementation contournée, élégante, gracieuse et d'un très grand mouvement l'inscription de ses figures favorites de nymphes en de déesses. Pour cette décoration, très souvent Boucher emprunte ses sujets à un genre qu'il a à peu près créé ou du moins qui est devenu sien : la pastorale.

La base de la pastorale, c'est de mêler agréablement, dans un décor qui ne soit pas trop éloigné de la nature, où abondent les feuillages, les eaux, des ruines jolies et quasi primpantes (car sur les *pierres* disjointes toutes les herbes et toutes les fleurs se sont donné rendez-vous pour épanouir leurs volutes,) l'art de la pastorale, était, dans ce décor fleuri et compliqué, de faire voisiner un éclair de vérité avec un déshabillé galant, c'était de demander à la mythologie ou à la vie romanesque des bergers quelque anecdote qui permet une jolie mise en scène. Il faut qu'en devinant le sujet on sourit, et ce sourire c'est le succès du tableau. Il ne faut point croire que ce fût là un effet facile.

Boucher est un élève de Lemoine qui indique la transition entre la peinture du dix-septième et celle du dix-huitième. Encore très préoccupé des Italiens, il n'est point sans ressentir quelque peu l'influence de Watteau. Boucher lui aussi a été infiniment influencé par Watteau. Tout s'y accordait, d'abord les dates qui font que Boucher commence à peindre quand Watteau a fini sa vie brève, et aussi que Boucher a pratiqué Watteau du plus près en le gravant. En effet, à peine Boucher avait-il pris chez Laurent Cars conscience de son métier et de sa pointe qu'un des principaux parmi les amateurs de Watteau, M. de Julienne, s'accordait avec Boucher pour lui demander de reproduire par la gravure 120 sujets de Watteau. Le dessin

I.A BOUQUETIÈRE FANCHONETTE

libre et franc de Boucher, n'a rien perdu à cette fréquentation ; et certes, on peut dire que si dans la jeunesse de Boucher, le grand éblouissement pictural dont il se ressentit toute sa vie lui fut donné par le *plafond d'Hercule* de Versailles et par les corps de femmes que savait peindre Lemoine, par ces carnations ambrées et dorées, galantes et fortes, à la fois de nymphes et d'amazones, telles que l'Omphale de Lemoine qu'on peut voir au Louvre, le grand éblouissement au point de vue du dessin lui vient de ce compagnonnage avec les dessins de Watteau. Nous n'entendons pas ici limiter à Watteau et à Lemoine les influences ressenties par Boucher. Il est évident que Boucher a regardé de très près les Rubens, qu'il a fréquenté, les Flamands plus même peut être qu'il n'a regardé les Italiens du dix-huitième avec lesquels il a tant d'affinités. Il a de Rubens le goût des colorations roses. C'est à Rubens autant qu'aux nombreuses études sur nature qu'il a faites devant ses enfants qu'il doit ces Amours qu'il jette à pleines mains par toute son œuvre. Il emprunte au maître d'Anvers son souci d'arrangement, son éclat, l'arabesque décorative de ses cortèges, sa tendance à la couleur joyeuse, triomphale ; de grandes œuvres comme le carton de tapisserie *d'Ariane* se réclament du procédé rubénien ; mais c'est par Watteau et Lemoine surtout qu'il a rejoint Rubens et les grands Flamands. Le jour où dans sa toile du *Déjeuner*, il insère toute une scène de vie avec sa lumière tranquille, son atmosphère exacte d'intérieur heureux, il affirme ses attaches avec les petits

ANNETTE ET LUBIN

maîtres hollandais. Quand il inscrit sur sa toile quelque grand thème mythologique comme dans son tableau de *l'Aurore et Céphale*, comme dans le plafond de Fontainebleau, comme dans ses *Forges de Vulcain*, comme dans *Aminthas et Sylvie*, c'est à Rubens qu'il s'apparente; quand il peint une pastorale c'est de Watteau qu'il dérive.

Il en dérive librement. Il y a d'ailleurs, parallèlement à de cette influence dans les pastorales, une part très nette d'initiative de Boucher et à côté d'une mise au point de son goût personnel la trace précise de la force des circonstances sur le développement de son talent.

Nous disions plus haut que le contact des faits avait eu souvent sur Boucher une influence esthétique. En effet, peu après son mariage, à un moment de sa vie où il songeait à augmenter les bénéfices qu'il tirait de la gravure et de quelques tableaux de chevalet, il lui advint un bonheur pratique qui ne fut point sans exercer une influence diversement féconde sur sa façon d'envisager la mise en page et les éléments du tableau. Le vieux peintre Oudry sur qui reposait la manufacture royale de Beauvais le prit comme collaborateur, et de là, de cet assouplissement du faire de Boucher à une technique particulière, deux effets très différents; pour mettre en page dans la tapisserie, Boucher est dirigé plutôt vers l'arrangement conventionnel, mais pour orner ses tableaux et mettre ses personnages en décor. Boucher est amené à transcrire des paysages. Ces paysages, il ira les chercher sur nature, sur la route de Paris à Beauvais, il travaillera, analysera des coins

de ferme, des points d'eau; il verra des petits paysans. Si le paysage dont Boucher entoure ses nymphes aux tapisseries et aux pastorales est très souvent conventionnel, l'étude qu'il en aura faite serre toujours la réalité.

«La pastorale, c'est une fusion du tableau de genre et du tableau mythologique, ce serait à côté des poëmes héroïques ou des Héroïdes à quoi les réduit le goût du dix-huitième siècle, comme l'illustration peinte de poëmes d'anthologie, de courtes pièces exquises, d'une innocence affectée, d'un sous-entendu clair indiqué par un sourire ou par une fausse naïveté. Dans une nature infiniment complexe, que le plus souvent charme un ruisselet murmurant près des roseaux, des bergers et des

LES AMOURS PASTORALES

bergères, les amoureux de la tradition française depuis d'Urfé jusqu'à Segrais, depuis Segrais jusqu'à Fontenelle, ces bergers néo-grecs et riverains de la Seine, les mêmes qu'on verra reparaître un peu plus purs mais presque aussi galants dans Chénier, ces bergers et ces bergères se content fleurette. Le plus souvent, ils en sont à l'heure délicieuse des premiers aveux. Boucher nous montrera aussi parmi les frais bosquets, près de la bergère décolletée qui a pendu auprès d'elle, à un arbre, la cagette de l'oiseau favori, le berger la ravissant des tendres accents de ses pipeaux. Le chien s'est assis pour l'écouter, les moutons blancs se sont couchés en rond dans une douceur de paradis terrestre et les pipeaux du berger charment toute la nature dans une grande paix immobile des feuillages, dans un sourire lointain du soleil qui épargne leur abri, mais va joliment dorer le hameau qui n'est pas loin de la coquette

LES GRACES AU BAIN

LES AMOURS PASTORALES

toilette de cour et prêtes aux amoureux propos. Voici sur une seule toile très chargée, avec la complication des grands arbres qui rabattent les personnages sur le devant de la toile et des lointains de paysage qui se creusent en une belle ligne d'infini, des bergères charmantes au chapeau léger toujours préoccupées d'oiselets, de fleurs, et d'agnelets. Ou bien c'est la *Fontaine d'amour* avec ses jolies ruines neuves, c'est le *Pasteur galant, le Pasteur complaisant,* c'est toujours le petit amoureux de la pastorale penché vers les petites bergères toujours prêtes à l'amour. Il en peignit jusqu'à l'infini, il en dessina plus encore qu'il n'en peignit, il tira de cette pastorale l'expression nette et précise du goût de l'art décoratif en son temps.

bergerie, ou bien, aux genoux de la belle, le berger lui adresse, faussement éploré, les plus jolis madrigaux.

Si la belle s'est endormie auprès d'une haie, laissant respirer près d'elle un panier de fraîches fleurs, la tête curieuse d'un berger viendra très vite l'admirer près d'une haie. Les oiseaux jouent un grand rôle dans ces pastorales; aussitôt pris au trébuchet, ils sont galamment offerts à la belle pour qui l'on soupire.

C'est dans le plus coquet attirail, en veste de couleur claire relevée d'une belle écharpe, qu'on lui présente un genou en terre le gracieux captif apporté pour la distraire vers la clairière d'herbette et de fleurs, parmi les ébats des agnelets non loin de ces riants coins de verdure et de futaies où les oiseaux cillent l'air, volètent parmi les branches se culbutent aux cimes des arbres et que Boucher nomme des abreuvoirs d'oiseaux.

Pour inventer des sujets de pastorale, son imagination est toujours prête. Voici *d'agréables leçons,* il est bien inutile d'en déduire le sujet: «*L'arrivée du courrier, le Départ du courrier*». Voici sur la vie des saisons, sur les plaisirs particuliers de chaque heure de la nature, la série des *Amusements de l'hiver,* des *Charmes du printemps,* des *Plaisirs de l'été,* des *Délices de l'automne,* voici des *Baigneuses surprises*», par les regards indiscrets des bergers, voici *le Nid,* le tableau célèbre du Louvre, où le berger apporte des oiselets captifs à la bergère; c'est une occasion de la trouver à l'ombre des arbres, pensive, mélancolique mais le col nu. C'est comme dans les décorations de l'hôtel Soubise, placées parmi la courbe ingénieuse du cadre, près d'une forêt aux frondaisons légères qui met de la fraîcheur au fond de l'horizon, des bergères en

Quand Boucher dans sa peinture décorative, n'utilise pas le berger et la bergerette, il a recours aux dieux.

Le 18me siècle s'est refait son Olympe. En cet Olympe, il prend des libertés avec l'antique. En cela, il procède directement du 17me siècle.

C'est en notre temps, au 19me siècle, qu'avec les intuitions de Victor Hugo, les hypothèses perspicaces de Leconte de Lisle, avec les précisions de Théodore de Banville, grâce aussi aux travaux critiques d'érudition et aux témoignages des fouilles que l'on est revenu à une conception historique vraie et forte de l'antiquité grecque. Ce n'est que depuis la *Légende de siècles et les poëmes Antiques* que les dieux et les héros, réveillés par le verbe lyrique, parlent une langue qui se rapproche de celle des vieux textes grecs, de la parole fleurie des poëmes homériques, des âpretés lyriques d'Eschyle, des sérénités de Sophocle ou des subtilités, vivantes comme la vie, d'Euripide.

De même; c'est récemment, que dans la peinture décorative, dans la peinture académique s'est retrouvé un souci de figurer des Grecs, soit selon l'indication de l'innombrable document que nous apporte leur art plastique, de la statue aux vases, soit d'après les lumières qui déversent sur eux les textes des poëtes. Aussi il n'y a pas longtemps qu'on a cherché à essayer de se figurer quelles pouvaient être l'allure et la vie des personnages qui vivaient dans les cités grecques, des unités de ce peuple artiste. Ce n'est en somme que depuis que le romantisme, dans sa recherche de pitto-

L'HEUREUX MOMENT (de Baudouin)

LE MALADE IMAGINAIRE

LES PRÉCIEUSES RIDICULES

resque, arriva à dégager de Racine les héros grecs et revit la mythologie grecque à la lueur de la mythologie comparée, ce n'est que depuis que les romantiques essayèrent de nettifier l'individualité plastique et lyrique des héros et des dieux que l'antique vit dans la conscience moderne, que nous avons pris nettement notion de ce que pouvaient être les grands aventuriers ou les grandes forces, les grandes fables, les grandes figures, les lignes humaines enserrant des systèmes philosophiques, que sont l'Olympe et les Rois dont jouent la volonté de Jupiter et du Destin, l'amour ou la haine des dieux. Le dix-septième siècle, classique par excellence, n'est point classique vis à vis des anciens qu'il saisit mal. Excellent lecteur des textes, il en est mauvais traducteur et mauvais commentateur. De bien écrire le latin cicéronien, de le faire servir à la vie usuelle, de juguler ses grands écrivains avec des arrêts mal compris de la critique antique, d'avoir jeté dans sa vie courante autant de latinistes que possible,

LES TROIS GRACES

cela ne rend pas ce siècle plus intelligent des mythologies grecques. Si bien que les peintres italiens n'ayant vu, eux non plus dans les légendes antiques que des jeux de formes, le peintre français ignore alors ce qu'est la mythologie et n'y voit en somme qu'une série d'anecdotes mondaines.

Le point précis de cette façon de comprendre la mythologie hellénique, c'est l'influence d'Ovide et de ses *Métamorphoses*. Le dix-septième, le dix-huitième siècles raffolent d'Ovide, et on lit ses Métamorphoses non point tant comme on regarderait une série d'émaux où revivent mi grandioses, mi-familiers les héros antiques, mais surtout comme une série de tableaux mi-légers, mitendres. *L'Art d'aimer* déteint dans l'esprit du public sur les *Métamorphoses*. On considère même un peu les *Métamorphoses* comme un supplément à *l'Art d'aimer*, et de plus Ovide est populaire, Ovide est le poëte d'une facilité ornée et d'élégance unie existant en dehors du

LE DÉJEUNER

GROUPE D'ENFANTS

sujet traité qui peut charmer les délicats ou les difficiles ou les rhétoriciens que l'on appelait alors les honnêtes gens. Ajoutez qu'Ovide est un courtisan qui a connu les disgraàces et l'exil après d'illustres amours. Il est exactement dans la mode romanesque du temps. C'est un admirable héros à mettre en vers et à transposer sur la toile. Une mythologie ainsi comprise devient fatalement le décor conventionnel brillant et froid dont Boucher se servira.

Rien n'est aussi loin de l'esprit de Boucher que de contrarier ses contemporains. Il accepte donc toutes faites leurs idées sur la mythologie. Cette mythologie, il la connaît surtout par l'Opéra et les notions qu'il puise là sur les nymphes galantes et les dieux amoureux lui suffisent amplement. Ses idées sur la complexion et sur le caractère des héros ne sont point plus précises que celles des poëtes de son temps, puisque c'est d'eux qu'il les tient, que d'ailleurs il ne les contrôle pas et que le peu qu'il a de lettres ne le lui permettrait guère. Mais rien n'empêche que les sèches allégories des poëtes, que ces froides interprétations des mythes ne deviennent sous le pinceau d'un artiste une éblouissante galerie d'amoureux et d'amoureuses jaillissant sur les murs des palais et apparaissant, sinon dans une vérité certaine, dans le sens de leur mythe, au moins dans une certaine vérité. C'est que là intervient l'art du dessinateur et du peintre. L'allégorie est fausse; qu'importe, si les corps sont justes de ligne et de ton! L'idée est fade mais la chair féminine étincelle, nacre et rose.

Le modèle que Boucher a sous la main, il peut en faire une nymphe de Diane ou une Junon, il aurait pu en faire une jeune fille ou une dame de son temps. Mais son parti pris étant de la faire figurer dans son Olympe, il sait en donner une transcription réelle et c'est vraiment de la beauté vivante qu'il a transcrit sur la toile.

C'est pourquoi il est assez indifférent qu'une belle moitié de sa vie ait été consacrée par lui à peindre des anecdotes qui ne l'intéressaient point, puisque ce n'était point l'anecdote qu'il peignait, mais que certainement lorsque le modèle nu jaillissait de ses hardes, il était repris de la même extase devant la beauté féminine, ou que, lorsqu'il se passait de modèle, il savait évoquer du fond de sa mémoire, de la foule des anciens croquis une blanche apparition qui, pour le temps de la séance, contenait pour lui toute la beauté du monde.

Aussi sa mythologie ainsi comprise se résume à un culte de Vénus. C'est toujours Vénus qui apparaît, à son peintre attachée, c'est elle qui figure au cœur de ses toiles, point lumineux de couleur tendre et centre d'action de la toile; quand ce n'est pas elle qui domine le tableau, elle est pour ainsi dire derrière le cadre, dans la coulisse.

L'histoire que raconte Boucher est presque toujours un des hauts faits ou un des méfaits de Venus.

Elle est aussi présente dans *l'Enlèvement d'Europe* ou la blanche beauté se penche vers le muffle humain du taureau et où Venus elle-même n'apparaît point dans ses propres lignes que dans les *Forges de Vulcain* pu'elle préside en surplombant Vulcain et les Cyclopes de son apparence rosée et triomphale. Toute la peinture mythologique de Boucher pourrait s'appeler d'un titre général: Les Présences et les Métamorphoses de Venus. Et si Boucher semble

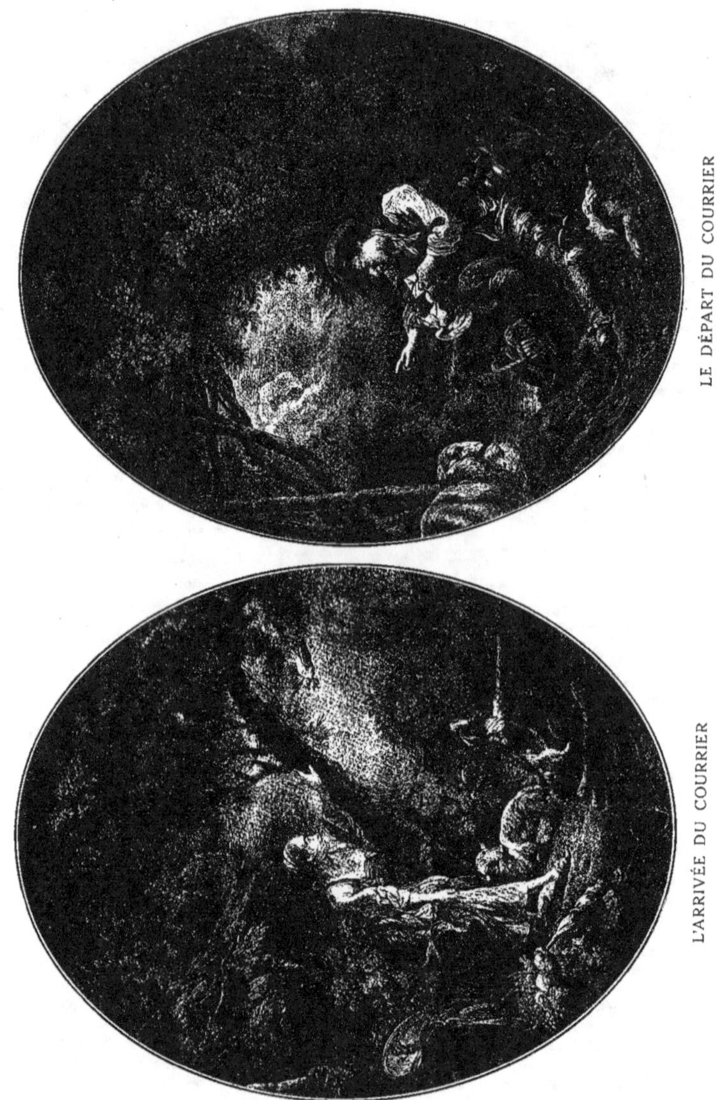

LE DÉPART DU COURRIER

L'ARRIVÉE DU COURRIER

PAYSAGE.

s'écarter un instant d'elle et porter ailleurs ses hommages, c'est pour lui faire sa cour de la manière la plus raffinée, ce n'est même point pour lui sacrifier ses rivales, c'est pour les lui ramener toutes ralliées, toutes préoccupées d'être comme elle. Lorsque Boucher se joue à représenter Diane, c'est toujours Diane amoureuse qu'il peint, les flèches de sa déesse chasseresse il les a empruntées pour elle, il les a prises au petit carquois que Vénus a donné à son fils, l'Amour.

L'Amour et non point Eros, Cupidon simplement. A cet amour léger, il n'entend pas malice. Il n'a jamais songé à en faire le dieu fort, le jeune héros, domptant même sa mère, la courbant sous son joug. Il a bien vu l'amour une fois par une belle lumière, dans le bocage sacré, piquer sa mère Venus, avec une fléchette qui est l'épine d'une rose. Mais, ce faisant, l'Amour n'est que malicieux. C'est à une jolie gaminerie que pense Cupidon en prenant sa mère pour cible et en dirigeant une sagette vers ce corps blanc et rose rappelant la pudeur des Aurores foulées comme le dit Mallarmé en un beau vers, du charme toujours chaste de la chair candide.

Ces apparitions de Vénus, elles ont été, sur la mer d'un bleu tendre, sur le ciel d'un bleu doux où les petites nuées blanches ont les volutes de draperies tenues au-dessus de Venus par les amours, elles ont dû être d'une fraîcheur lumineuse, dont, actuellement, dorées, patinées modifiées par le jeu des couleurs et des vernis elles ne donnent plus l'impression. Certes, Watteau aussi, encore qu'il soit avéré qu'il peignait un peu sale eut des colorations fraîches que nous ne soupçonnons plus, et la gamme d'enchantement

de «*l'Embarquement pour Cythére*» est modifiée de ton. Mais peut-être Boucher fut-il, au tableau frais un enchanteur plus clair et plus limpide.

Une impressionniste célébre, Mme Berthe Morizot, s'amusa, un jour, en un château de province, à copier un trumeau de Boucher, des nymphes et des Amours dans un ciel laiteux qui sur la copie peinte avec des couleurs fraîches apparurent d'un ton candide et éclatant, tout analogue aux belles irrisations des nos modernes impressionnistes. Il y eut donc encore plus de beauté peut-être dans les tableaux nombreux dont Boucher illustrait l'Histoire de Vénus.

Il la montre à sa toilette, il la fait jaillir des eaux, il assiste à sa sieste auprès de l'Amour, et comme elle a les yeux fermés, il murmure ce conseil qui sert de titre à son tableau: „*Ne cessons de craindre une belle.*" Il la montre entrant au bain, il l'y mène entourée, avivée, rehaussée du cortège des *Grâces*. La voici qui se prépare à comparaître devant le berger Paris sur l'Ida et déjà Paris décide, lui décerne la pomme triomphale. La voici de nouveau endormie auprès de Cupidon, et au-dessus d'eux les petits Amours étendent le dais d'une draperie. Il la suit dans ses repos, dans ses fêtes, il admet qu'un jour, (et il en tire une éblouissante fantaisie,) elle triompha sur les eaux, en place d'Amphitrite avec Neptune. Il ne cache point non plus les faiblesses de sa déesse; il sait qu'un jour Vulcain l'a surprise avec Mars, et il ne cache rien de cet amour glorieux. Il sait qu'elle protégea Enée et l'épisode Virgilien de la fabrication des armes l'inspira plusieurs fois. Et cette Venus dont souvent les traits variérent, sa Venus qui n'est jamais la même, la forme de son

PAYSAGE

visage, la représentation de ses allures offrent comme une série d'infinies variations sur ce type jeune des filles de Paris dont il fait un jour la bouquetière *Fanchonnette,* un autre jour *l'Aurore aux bras de Céphale,* et le plus souvent, Venus câline ou victorieuse.

Caline et victorieuse à la fois, car cette Venus de Boucher est singulièrement enlaçante. Elle apparaît en caresses des sens, elle vit, elle rayonne, elle charme. La douceur même de sa physionomie, l'agrément plus gracieux encore que beau de son visage, implique en elle plus de séduction. Elle est la beauté du dix-huitième siècle telle que la comprend Boucher et telle que la comprend son époque.

Non point que nous voulions souscrire ici à ce jugement rapide et sommaire qui, d'après quelques comédies, traits, maximes ou bou-

SUJET PASTORAL (detail)

LA RÊVEUSE

tades faciles, veut que l'amour au dix-huitième n'ait été que les agréables passe-temps, que les abandons assaisonnés de finesse que nous peint Crébillon fils. Certes, il faut le croire, le change a été pour beaucoup dans le charme de l'Amour au dix-huitième siècle, certes l'amour y fut facile et pour venir à bout des défenses d'une Parisienne du temps, il n'y a point à démolir les bastions d'une morale, à combler les fossés des préjugés. Il suffisait de plaire et d'être aimé. Hommes et femmes étaient d'accord sur ce point que l'amour était le but réel, le but complet de la vie et qu'aucune loi soit divine ou humaine n'en interdisait le libre jeu C'était un peu ce que l'on sut dans tous les temps, mais au dix-huitième siècle, sans aucun piétisme et sans aucune hypocrisie on convenait de le savoir et l'on vivait en gens qui possèdent la vraie bonne nouvelle.

Ce qui n'empêchait point les femmes d'alors d'être tendres et passionnés, et, quand il le fallait, constantes. Leur amour, débarrassé de scrupules, confine moins au libertinage qu'il ne s'approche des possibilités futures de l'amour franc. Dans presque toutes les histoites d'amour du dix-huitième siècle, on trouve de la tendresse et su sentiment vrai. Je ne veux point ici redire l'histoire de Mlle de Lespinasse, je ne veux point non plus reprendre cette anecdote que conte M. Michel dans son livre sur Boucher, anecdote dont Veyrin a pris le sujet de son *Embarquement pour Cythère.* Brièvement, disons qu'on se souvient que Mme de Civrac jeune, belle aimée du prúdent Hénault, se mourait de consomption. Les médecins avaient dit à Hénault que les jours de la marquise étaient comptés, qu'il n'y avait qu'une très vague chance de salut, qu'il fallait néanmoins la tenter et conduire la marquise aux eaux. Plutôt que la guérir on essayait de la distraire. La marquise partit dans la lourde berline qui était presque un lit de mort et qui s'en allait au pas lent de ces grandes machines de voyage, sur le poudroiement des routes. La journée était longue et pénible. Mais, le soir au gîte l'étape c'était toujours, et vraiment pur hasard, une fête, soit que fortuitement des amis de Paris passassent par là, soit qu'une troupe de comédiens fut précisement en représentation là, soit, que prévenus par des amis communs, les amis de la marquise vinssent la chercher pour la mener à quelque fête, en leur parc, à quelque distance. Et toutes ces fêtes, tous ces galas, ne devaient rien au hasard; l'attention tendre de Hénault avait disposé de Paris, sur le passage de son amie, des relais de joie.

Tout près de lui, Boucher a pu voir le joli caractére de Mme Favart. Tout près de lui, parmi les amis de Monnet, la tendresse existe parfois profonde. Les amours que raconte Monnet dans ses curieux mémoires sont plus amusants qu'édi-

L'AGRÉABLE LEÇON

fiants et plus tourmentés que tendres. Mais près d'eux ne sait-on point que Vadé le poëte poissard assez calomnié pour quelques-uns de ses poëmes dont la truculence voulue de langage masque ce qu'il y a chez lui à d'autres œuvres d'humanité vraie et de philosophie menue et douce, Vadé s'éteindra dans les bras d'une petite actrice du théâtre de la foire et cette petite actrice qui occupe un rang infime dans une profession alors décriée, le soignera avec un mour et un dévouement profond.

Pour s'être promené parmi son temps comme à travers un jardin où d'admirables filles fleurs tendent leur cœur et leur calice pourpre, Boucher, tout en cueillant l'arome du baiser a souvent senti passer le petit frisson de l'âme et l'a rendu dans

LES AMANTS SURPRIS

LES GOUTERS DE L'AUTOMNE

VENUS TRANQUILLE

ses toiles. Il en a fait un frisson coquet, C'était la mode de ce temps
où la concision était une élégance et où le courage n'était compté
comme du courage que lorsqu'il riait ou souriait. Sans grossir les
choses, il faut bien se souvenir que c'est par le rire et le sourire du
pamphlet que la Révolution a commencé et que si les idées graves
de Rousseau ont été davantage dans la formule de ce qu'elle a fait,
l'ironie voltairienne, à été, après les facteurs économiques, le plus
puissant engin de sa préparation. Si les choses graves et même les
choses terribles purent se faire d'un ton léger, ne nous étonnons
point que Boucher ait pu, dans une formule de coquetterie, dire des
choses amoureuses.

L'homme privé, chez Boucher, apparaît aimable et heureux. Il a
des filles et des gendres, l'un Deshayes, donne comme peintre d'histoire, les plus brillants débuts et meurt jeune; l'autre, c'est Baudoin
un des plus rares artistes du XVIII siècle, qui se place entre Boucher
et Saint-Aubin.

«Baudouin, dit Goncourt, son œuvre n'est-ce point le portefeuille,
d'estampes libertines qu'au milieu de la vraie Manon Lescaut du
XVIII siècle, Thémidore le héros galant du livre se fait apporter dans
son lit pour se distraire et se consoler de l'infidélité de sa maîtresse
Rosette?

Les moralistes n'ont pas manqué à Baudoin. Depuis l'auteur de la
Religieuse jusqu'au dernier écrivassier d'art, tous à l'envi, ont flétri
par des paroles indignées l'immoralité de son œuvre. Pourquoi tant
d'indulgence pour l'érotisme de la peinture mythologique et une si
grande sévérité pour l'erotisme de la peinture du genre? Et pourquoi

LES SABOTS

LES AMOURS PASTORALES

encore la violence de cette
indignation pour des méfaits
d'un genre que ces mêmes
moralistes pardonnent si facilement à La Fontaine, aux
»novellieri« et que Diderot
pardonne si facilement à sa
prose?

Pour moi, je suis recon-
naissant à Baudoin de nous
avoir peint l'Amour dans la
robe de chambre de Clitan-
dre, de nous avoir fait
toucher mieux qu'avec les
descriptions de l'imprimé
les passades, les fantaisies,
les arrangements, les ren-
contres, les liaisons qui
n'ont point de lendemains
et semblent nouées entre
les membres d'une société
du moment. Pour moi, je
lui sais gré de nous faire
assister dans une certaine
réalité au spectacle de
l'amour du temps en ses
molles scènes, en son milieu
sensuel.»

VENUS ET LES AMOURS

SUJET PASTORAL

Le gendre de Boucher par son attidute générale d'artiste, son entente de la petite estampe, devait figurer auprès de Boucher dans cette étude.

*   *   *

Comme dans le temps, Boucher, se trouve placé pour la valeur, pour l'intérêt d'art, en intermédiaire entre Watteau et Fragonard. Il vient de l'un, il mène à l'autre. On a retrouvé sur lui, une anecdote, c'est un peintre médiocre du temps qui avance l'avoir entendue. Boucher se serait trouvé avec son gendre Deshayes, devant *l'Enlèvement des Sabines* de Poussin, et il lui eut souhaité que cette peinture et les leçons qu'on en pouvait tirer, profitassent d'avantage à Deshayes qu'ils ne lui avaient été utiles à lui-même.

Pour être pittoresque l'anecdote s'infirme de tout ce que l'on sait de Boucher.

Il n'a point le tempérament des classiques. On le sent tout le temps curieux de la rue, curieux de tout le spectacle vivant des choses, soucieux de traduire toutes les allures féminines, désireux de les enclore dans une oeuvre multiple à laquelle ne manque aucun procédé de notation rapide du sourire, du baiser, de l'attirance des corps et des lèvres.

Le classique au contraire, le Poussin s'abstrait à un certain moment du spectacle du monde, il vise à en inscrire l'essence, il dépouille l'essentiel de tout le lierre que les circonstances jettent sur

lui. Au contraire Boucher volontairement accumule. Ce n'est point seulement parce que dans la façon toujour ingénieuse, dont ils paient, les Beaux-Arts du temps font attention que tel tableau qu'on vient d'acheter pour les galeries royales, contient tant de figures et tant d'accessoires, mode de rétribution aussi pratique et juste que celui qui consiste à payer des artistes d'inégales valeur, au même prix du mètre carré peint, mais Boucher aime le fouillis.

Toute cette accumulation d'éléments qui se presse autour des héros de ses pastorales, on la trouve déja dans les premiers tableaux où s'affirmait son *réalisme souriant*, alors qu'il produisait la *Belle Cuisinière*. Les dessins fameux de *l'Albertine* où Boucher nous apparait peintre de la vie rurale, ne sont pas moins touffus d'épisodes, les paysages qu'il glanait sur nature, en Ile-de-France, dans les environs de Beauvais, ne sont pas moins drus d'eaux, de feuilles, de ponts, d'arborescences, d'herbages, de barques et de tous les accessoires qui peuvent s'accumuler dans un paysage. Il n'élimine point, il ajouterait plutôt.

Diderot qui fut souvent injuste à son égard et qui dans sa recherche du sentiment anecdotique dans la peinture, ne comprit pas toujours la beauté du spectacle fleuri qui se réfléchissait dans la retine de Boucher, dit justement qu'il sort d'un des derniers

SUJET PASTORAL

PORTRÄT EINER JUNGEN FRAU
PORTRAIT DE JEUNE FEMME
PORTRAIT OF A YOUNG WOMAN

LE BERGER RECOMPENSÉE

LE TRAIT DANGEREUX

point laisser une place qui n'ait son intérêt et sa vibration ? C'est peu probable. Boucher sans doute pense plutôt que si on peut donner du relief à la figure principale d'un tableau, au groupe principal d'un tableau en l'isolant, ce n'est pas un procédé de moindre intérêt et d'un effet moins sûr que d'accompagner au contraire, un groupe principal ou cette figure centrale par une infinité de détails dont l'intérêt va se dégradant du point central de la surface peinte, à ses extrémités; son temps lui donna raison de lui composer ces beaux ensembles décoratifs où règne la beauté féminine.

* * *

Pour avoir brossé cette nombreuse série de métamorphoses amoureuses, pour avoir accumulé sur la toile, sur le carton du pastel, parmi les tapisseries, sur le papier du dessin, tant de jolies formes et tant de belles figures, Boucher a gagné de joindre pour nous à l'intérêt pictural prestigieux qui se dégage de son oeuvre, une inappréciable valeur documentaire. Il a saisi toute les gammes d'attention, d'amour, d'admiration qui passèrent sur le visage des hommes de son temps, devant la beauté de leurs épouses ou de leurs maîtresses. Nous n'avons plus les tableaux que lui avait commandé Madame de Pompadour, et dont l'adroit libertinage était destiné à provoquer chez les sens du roi lassé, un fougueux réveil, une durable survie. Boucher avait accepté la tâche, car il était de ce sentiment que tout ce qui se peut peindre est de la peinture, il obéissait à l'heure anacréontique qu'il vivait, ce n'est point son affaire si l'amour confine à l'érotisme, il a noté l'érotisme comme en étant une fréquente nuance. La plupart des toiles où Boucher incline la

tableaux de Boucher, son *campement de Bohémiens* quelques chose comme un tapage sonore. Boucher n'est point économe d'effets. Il en est prodigue. Il jette à pleine mains les beautés de détail. Il entoure, il orne. De même que dans les décorations dont il fut chargé, la moulure, l'or, la volute sont accumulés pour l'accompagner, dans sa décoration, Boucher se plaît à s'épanouir en richesse. Il porte des détails comme un arbre se couvre d'une parure de fleurs et de druits.

Cette multiplicité de l'ornement fait partie de sa conception du tableau.

Quand il dessine, quand il note, il se borne. La plupart de ses dessins ne comptent qu'une figure. Quand il peint, il est luxuriant. Est-ce un souvenir de son métier de décorateur. Est-ce le tapissier qui a gardé la coutume de couvrir la surface laineuse et n'en veut

peinture à la pure sensualité sont perdues, c'est dommage. C'était une série curieuse de son art, où il était franc et vrai, mais non plus que lorsque le sentiment ou la simple admiration des lignes pures du corps ou de la vénusté du regard, le dirigent. L'amour des formes et de la ligne est aussi puissant chez lui, lorsqu'il jette dans la marge de son sujet les culbutes de ses amours potelés, joufflus et qui lancent vers la nue leurs pieds et leurs derrières roses que lorsqu'il transcrit une belle femme.

De la beauté du corps, il ne transcrit pas seulement la ligne décorative, mais encore l'émotion, mais encore le désir.

Il n'a point la puissante vie intellectuelle d'un Watteau, il n'est point comme Watteau le peintre du regard. Il ne sait point mettre parmi les physionomies, parmi les traits nobles ou enjoués, de ces miroirs noirs et lumineux ou toute une sentimentalité affleure; il

LES NYMPHES

n'a peut-être pas su jeter sur le masque féminin, comme y excelle Fragonard, un peu de cette buée de petite mort, cette mélancolie de petite fièvre amoureuse qui tend vers le regard de l'amateur comme un frisson charnel, et l'impression toute vive d'une minute d'amour; il jette autour de celui qui aime sa peinture comme un harem vivant, comme la bousculade d'un corps de ballet, qui veut âprement, qui veut joliment séduire. Et tout de même, car il est très peintre, et très grand peintre, la séduction compliquée du regard d'une Pompadour, l'intellectualité de la beauté, il sait aussi la rendre, comme il atteint au charme du regard souriant de l'enfance.

Le portrait de la petite Alexandrine d'Etioles comme les portraits de Mme de Pompadour qu'on lui doit, témoignent de cette compréhension de toute la beauté, et parmi la foule de ses dessins, il en est qui, devant la beauté du modèle, quittent cette recherche du joli qu'il a obstinée et comme furieuse et quasi héroïque, il en est qui donnent des physionomies très nobles, où son art s'apaise à traduire des beautés mélancoliques.

Volontairement, de parti pris, sans qu'il l'ait inscrit dans une esthétique, ou même qu'il l'ait implicitement déclaré dans un de ces propos de peintre, dont la postérité s'aide pour comprendre le caractère et la volonté d'art d'un maître disparu il a entrepris une immense galerie féminine. Il y a mis des déesses, les nymphes, les bouquetières, les marchandes des quatre-saisons. Il y a mis l'Olympe, il y a mis la rue. Il y a mis Venus, il y a mis le trottin, et il y a toujours chez lui devant le modèle une telle admiration éperdue, que c'est toujours une merveille de sensualité tendre, discrète, ou violente, qui émane de son pinceau ou de son crayon. Même alors qu'une mode arrive qui altère la ligne de la silhouette féminine, même

ANNONCIATION AUX BERGERS

VENUS DONNANT DU NECTAR A L'AMOUR

lorsque le caprice de la commande l'amène à déguiser en chinoises, en chinoises de fantaisie, les Parisiennes dont il est le peintre, il sait leur garder toute leur finesse, toute leur élégance, et les parer de beauté.

D'avoir fait voisiner l'Olympe et la rue, Vénus et Fanchonette, il y a gagné d'avoir créé un Olympe plus vaste, plus ample, plus vivant que n'importe quel peintre de mythologies, d'avoir transcrit le petit modèle que guette le Parc aux cerfs, en Diane qui essuie ses pieds blancs, auprès de l'étang aux eaux pures où elle a plongé son beau corps, il a donné à la peinture mythologique quelque chose de vivant. Il lui a donné les reflets de l'heure de son temps-d'avoir eu ces deux gammes dans son art, du réalisme orné et de la fantaisie décorative il a varié son oeuvre et l'a rempli d'une beauté complexe qui met la chaleur de la vie, sous la fantaisie froide des sujets, qui les double d'un charme captivant

AMINTE DÉLIVRE SYLVIE

et vrai, qui fait que ses décors et ses nymphes ne sont point de belles mortes, mais des corps magnifiques et vivants, faits pour le plaisir des yeux et tout près à recevoir toute fraîche et frémissante l'âme que la splendeur de leur corps nous incite à y mettre Son faire et sa sensibilité devant la stature féminine, devant le bouquet joli des grâces sont tels qu'il a écrit picturalement un hymne immense à la beauté dont nul couplet ne peut nous demeurer indifférent. Ce peintre de la fraîcheur et des roses est immortel; pour avoir saisi dans ses pinceaux, un peu de la beauté radieuse des matins sacrés du rêve, un peu de cette splendeur fraîche, bleue et or, qui se lève dans notre pensée lorsque nous évoquons dans son silence sonore, dans le triomphe de son aurore, le mythe de la naissance de Vénus, lorsqu'il nous semble que du fond de l'Orient clair arrivent vers nous la nacre, la perle et les roses de la beauté nue. GUSTAVE KAHN.

9 782329 072746